图书在版编目（CIP）数据

中世纪城堡 D.I.Y./（英）罗布·艾夫斯著；（英）约翰·保罗·德夸伊图；张珍真译.—上海：上海科技教育出版社，2019.3
（"桌上战斗"系列）
书名原文：TableTop Battles:Make Your Own Medieval Castle
ISBN 978-7-5428-6885-5

Ⅰ.①中… Ⅱ.①罗… ②约… ③张… Ⅲ.①智力游戏–儿童读物 Ⅳ.① G898.2

中国版本图书馆 CIP 数据核字（2018）第 258252 号

桌上战斗

中世纪城堡 D.I.Y.

上海科技教育出版社

安全须知

制作这些中世纪战场模型时，一定要注意安全且谨慎地使用。尽管我们做的模型很小，所用的子弹两头都是钝的，弹药也只不过是糖果等物品，但不可预知的意外仍有可能发生。制作和使用这些模型时，一定要确保安全第一。不正确的装配，瞄准错误的目标或误发，都可能造成危险。在进行测试时，一定要带上护目镜。

别忘了留意周围的环境，尤其要注意你的观众们。如果太过用力，即使是钝的弹头也可能造成伤害。永远不要对准人、动物或者珍贵物品发射。

免责声明

本书的作者、出版商和经销商都不会对你的安全负责。在制作和玩耍的过程中，你需要自己承担风险。请留意本书中从始至终贯穿出现的安全警示标记（见右），并且在切割原料或测试发射时向大人寻求帮助。

留意全书中的这个标记。它表示你可能需要在大人们的协助下完成制作步骤。

目录

中世纪城堡 ………………………………… 6

骑士 ………………………………………… 8

圆塔 ………………………………………… 12

吊桥 ………………………………………… 14

吊闸 ………………………………………… 18

攻城塔 ……………………………………… 22

城堡坍塌 …………………………………… 26

成品展示 …………………………………… 28

城堡的攻与防 ……………………………… 30

中世纪城堡

本书将告诉你如何建造城堡的有趣小模型，从城堡的主体结构到保护城堡的军队和攻城塔。现在就集结你的军队，等待强敌到来吧！

你需要：

制作本书中的建筑和武器，所需的大多数材料在家里、学校或当地商店就能找到。

- 瓦楞纸
- 厚、薄卡纸
- 塑料蛋壳
- 硬纸筒
- 粗线
- 毡头笔
- 大号回形针
- 咖啡搅拌棒
- 冰棒棍
- 铅笔
- 圆珠笔（做记号用）
- 橡皮筋
- 玩具眼睛
- 铝箔
- 木签
- 可弯曲的金属丝
- 牙签（10厘米长）
- 记号笔

建造城堡

公元1000—1500年，中世纪石砌城堡遍布欧洲和中东地区。这些城堡坚不可摧，其中很多至今仍然保存完好。城堡的主要结构有圆塔、吊桥和吊闸。现在就让我们动手制作它们的迷你版吧！

如果你的城垛塌了，重建一个相当容易。当然守卫士兵也同样重要，必须保证他们粮草充足、武装精良、训练有素。现在来看看你如何强攻这些具有高耸的攻城塔的防御工事吧！

你只需一些文具和厨房工具，然后根据本书的指示，一步步操作——很快，你就会拥有一座坚不可摧的城堡啦！

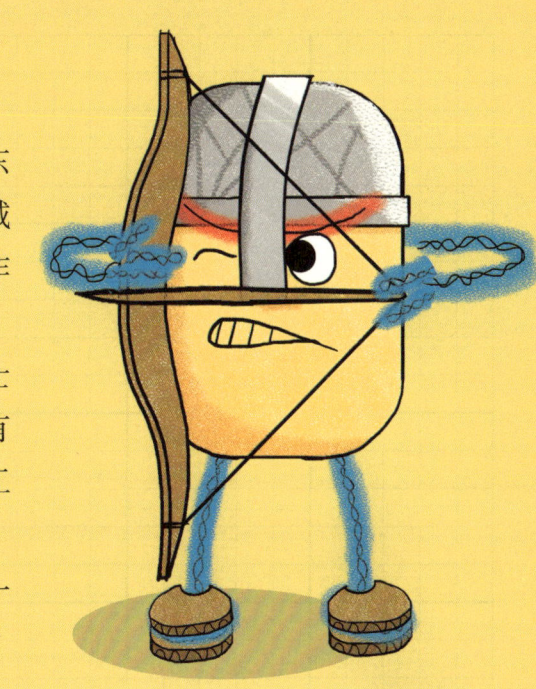

小贴士

一些制作环节需要将铅笔切成几段，请向大人们寻求帮助，并且在切割垫或类似材质表面上进行切割。这里有个小窍门：先在铅笔的每个面上刻出一圈划痕，再用力掰断。最后，用小刀去除截面毛刺。

在将圆珠笔杆切成几段时也一定要寻求大人的帮助——这需要技巧。可以先用锉刀刻出一圈凹痕，再掰断。

在卡纸上打孔可以利用铅笔的笔尖。或者请大人帮忙，用剪刀或美工刀操作。

工具：

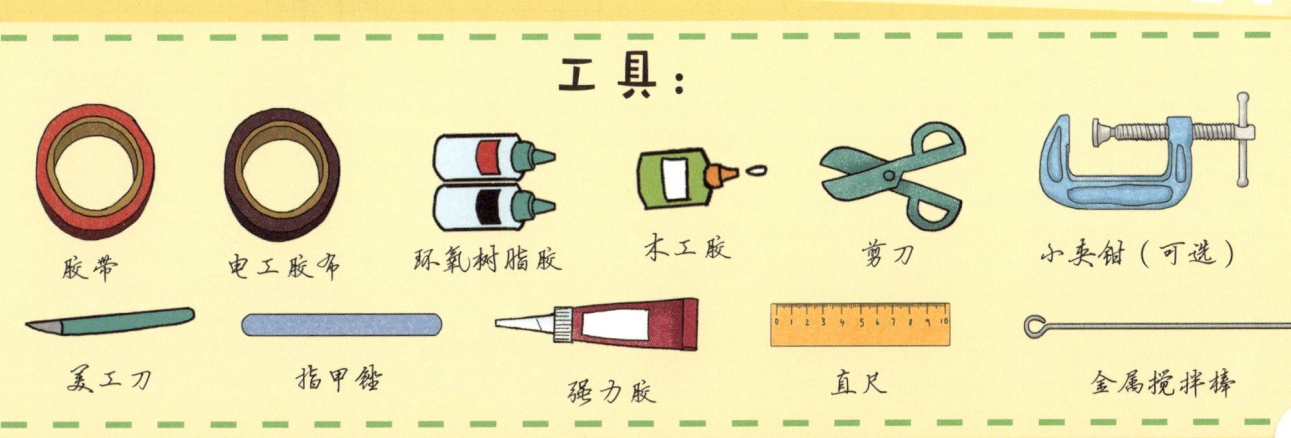

胶带　　电工胶布　　环氧树脂胶　　木工胶　　剪刀　　小夹钳（可选）

美工刀　　指甲锉　　强力胶　　直尺　　金属搅拌棒

骑士

如果没有一支忠诚的常备军，再坚固的城堡都毫无意义。你也需要一支英勇无畏、装备精良的军队，擅用弓、剑、战斧等武器，时时刻刻保卫你的城堡！

你需要：

- 粗线
- 冰棒棍 ×1
- 可弯曲的金属丝
- 玩具眼睛
- 瓦楞纸（10厘米宽）
- 塑料蛋壳
- 铝箔
- 记号笔
- 牙签（10厘米长）

工具：
美工刀、直尺、金属搅拌棒、剪刀、木工胶、胶带、强力胶

制作步骤

阶段1

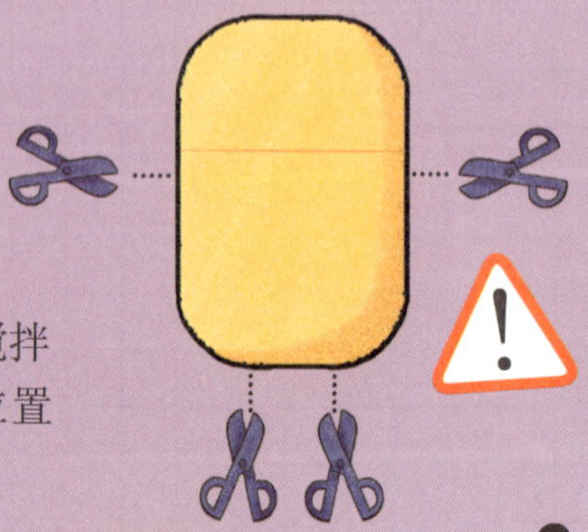

1. 使用剪刀或金属搅拌棒在图示的4个位置处钻孔。

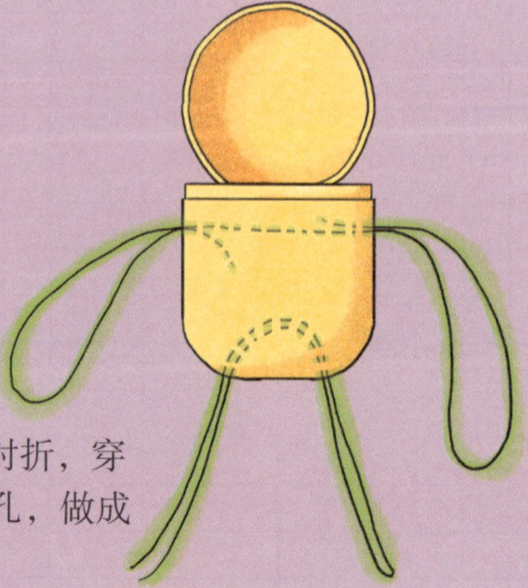

2. 将两根金属丝对折，穿过蛋上钻好的孔，做成手和腿。

3. 将手部的金属丝拧成麻花状，并在两端折出手指形状。

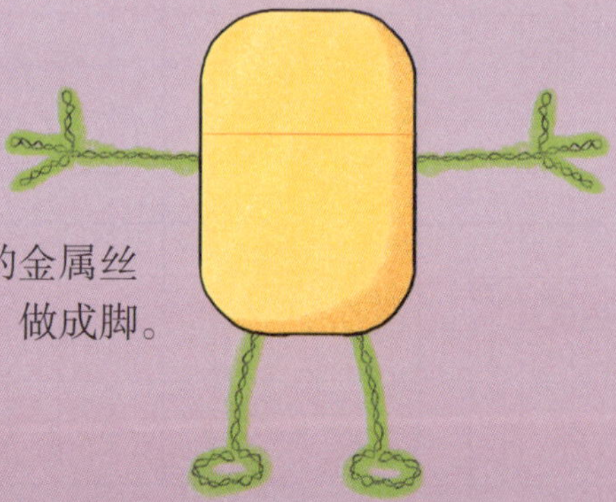

4. 将腿末端的金属丝拧成圆圈，做成脚。

8

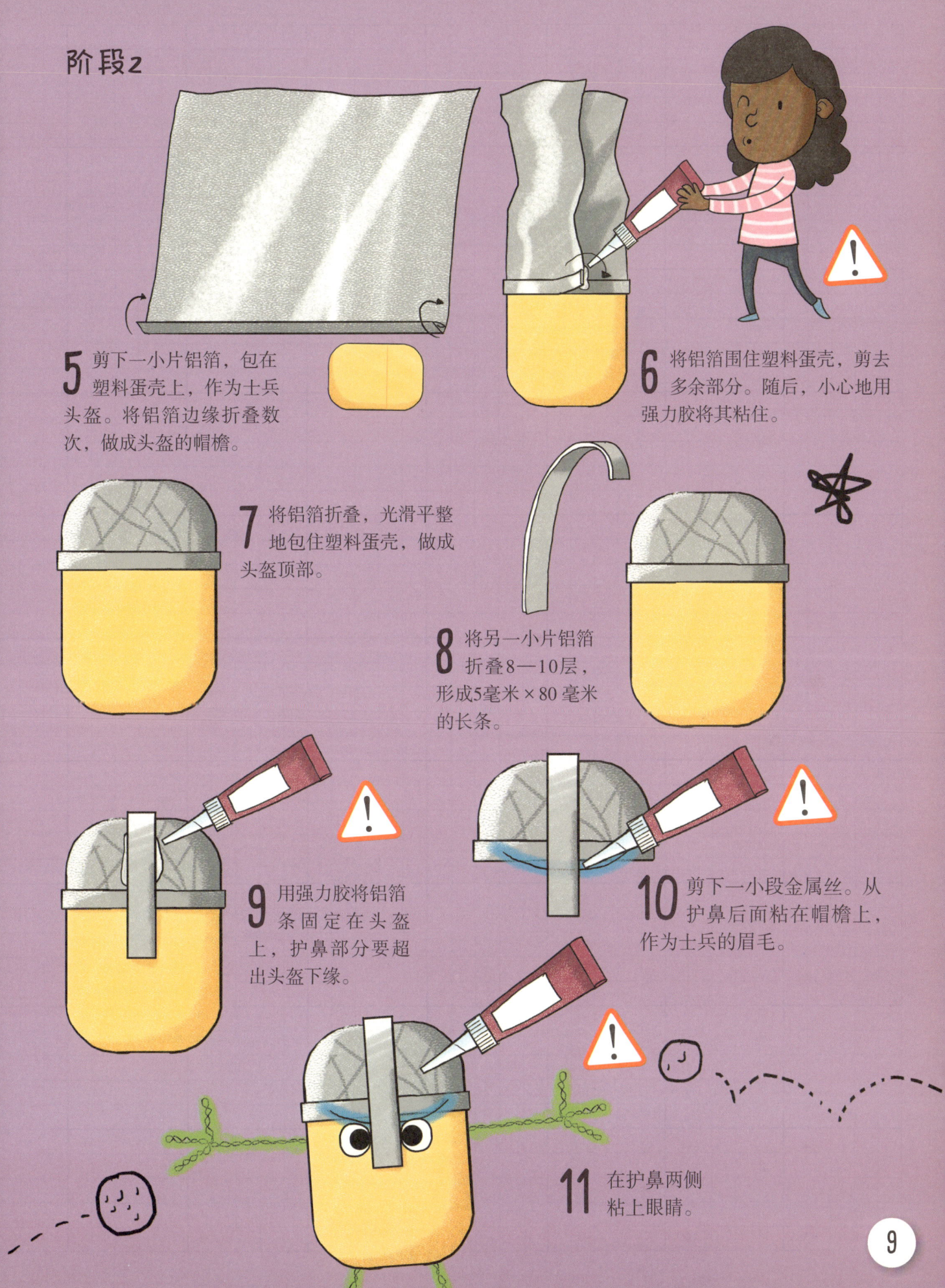

阶段3

小贴士

别忘了在圆形纸片上绕着腿切一个小凹槽哦!

12 从瓦楞纸上裁下两块圆盘,用木工胶粘在士兵的脚底。

13 重复这一步骤,在脚背上也粘两块圆形瓦楞纸。但是请注意,这次要在圆盘中切一个凹槽,让腿顺利通过。

阶段4

14 用牙签做长矛,在牙签的一头包上铝箔。剪下一块瓦楞纸制作盾牌,并在盾牌上粘一个小把手。

15 用记号笔在蛋壳上画出嘴巴。调整金属丝双手,使士兵能够握紧长矛和盾牌。

阶段5

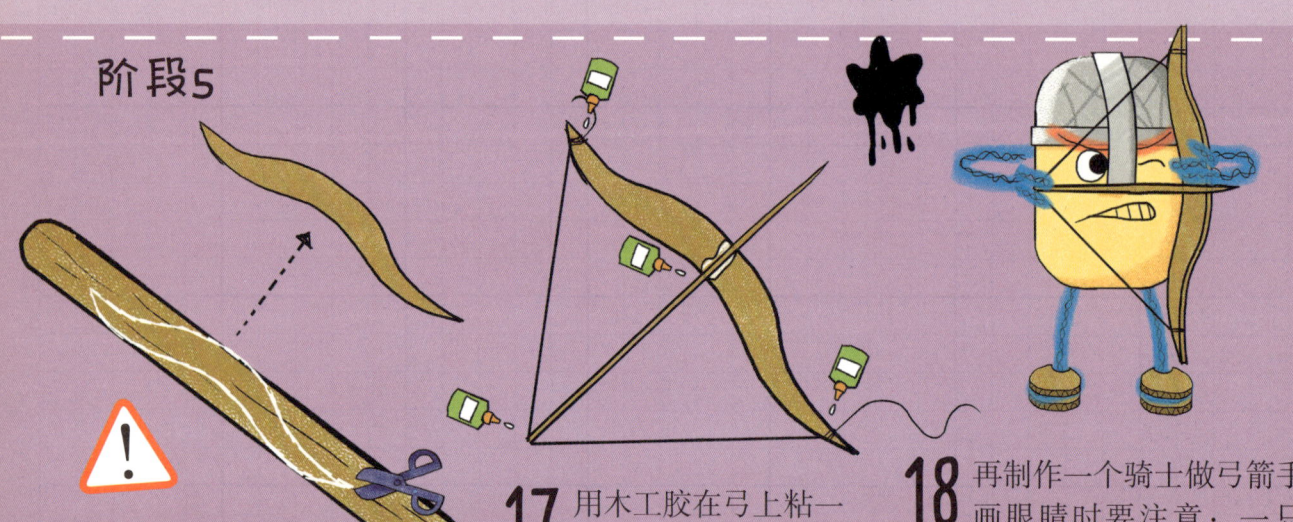

16 在冰棒棍上画出弓的形状,并用剪刀剪下。

17 用木工胶在弓上粘一根牙签。待木工胶干透后,粘上并拉紧粗线做成的弦。

18 再制作一个骑士做弓箭手。画眼睛时要注意:一只眼睛睁开,另一只眼睛闭着。最后调整小人双手的位置,做出拉弓射箭的姿势。

阶段6

19 再制作一个持盾的骑士。用冰棒棍套上硬纸板剑柄做成剑!

集结完毕!

中世纪骑士

公元1200年以前,骑士们都是穿锁子甲防身。他们在头巾外佩戴有护鼻的头盔保护头部。在战场近身肉搏时,骑士们就靠锁子甲、头盔和盾牌来保护自己。

圆塔

现在我们要建一座高耸的圆塔并安排哨兵站岗放哨。一旦发现敌军来犯,哨兵将拉响警报,准备好用箭雨和滚油击退敌人。你的高塔坚不可摧!

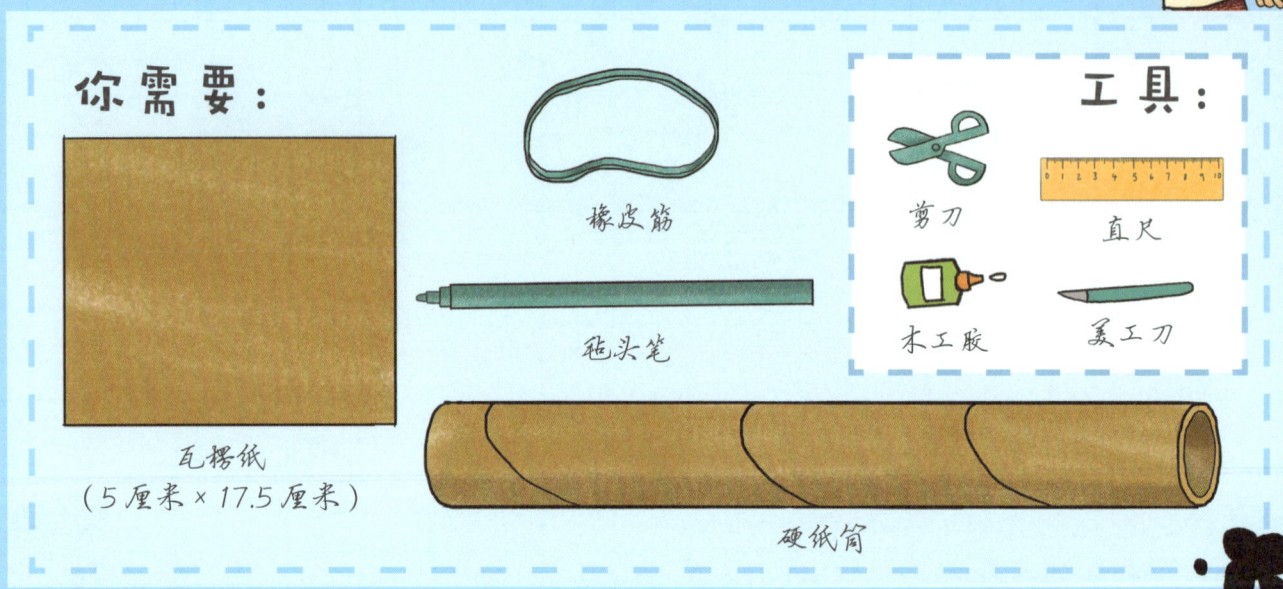

你需要:
- 瓦楞纸(5厘米×17.5厘米)
- 橡皮筋
- 毡头笔
- 硬纸筒

工具:
- 剪刀
- 直尺
- 木工胶
- 美工刀

制作步骤

阶段1

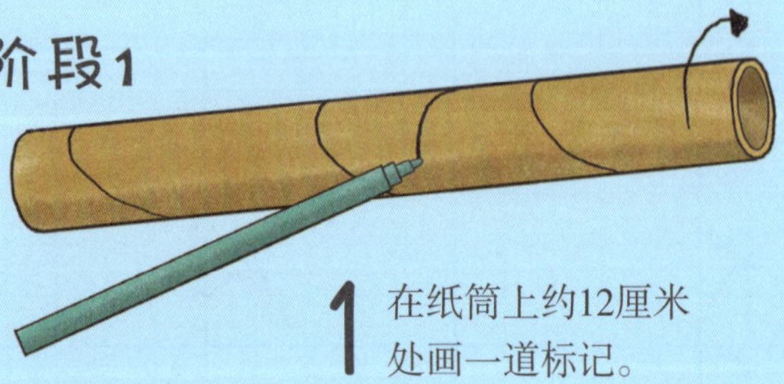

1 在纸筒上约12厘米处画一道标记。

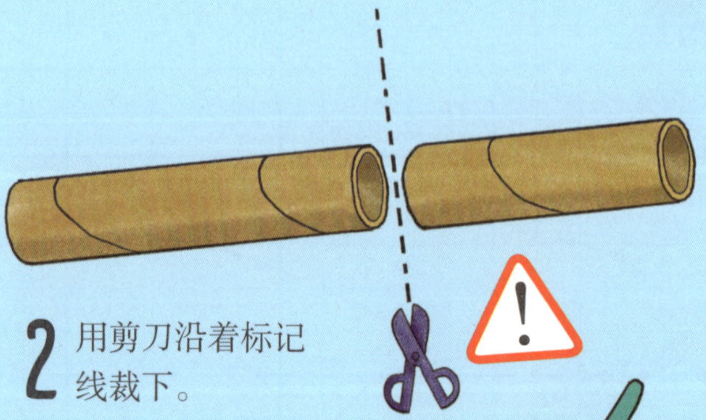

2 用剪刀沿着标记线裁下。

阶段2

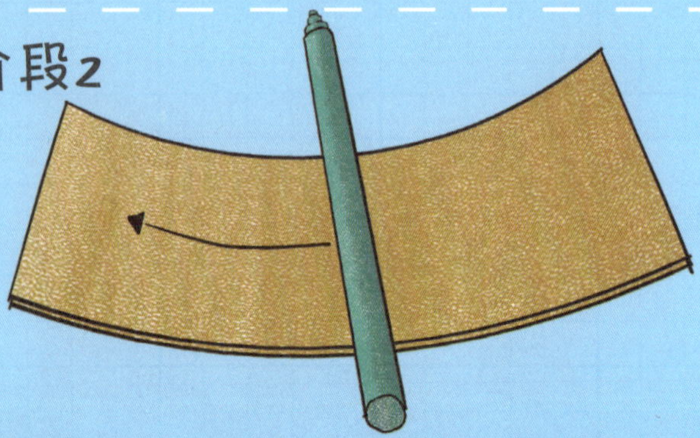

3 剪下一块4厘米×15厘米大小的瓦楞纸。将瓦楞纸卷在一支毡头笔上,展开后使笔可以平滑地在纸上滚动。

4 在瓦楞纸顶部用记号笔画出1厘米宽、1厘米高的凹槽,并用美工刀裁下做成城垛。

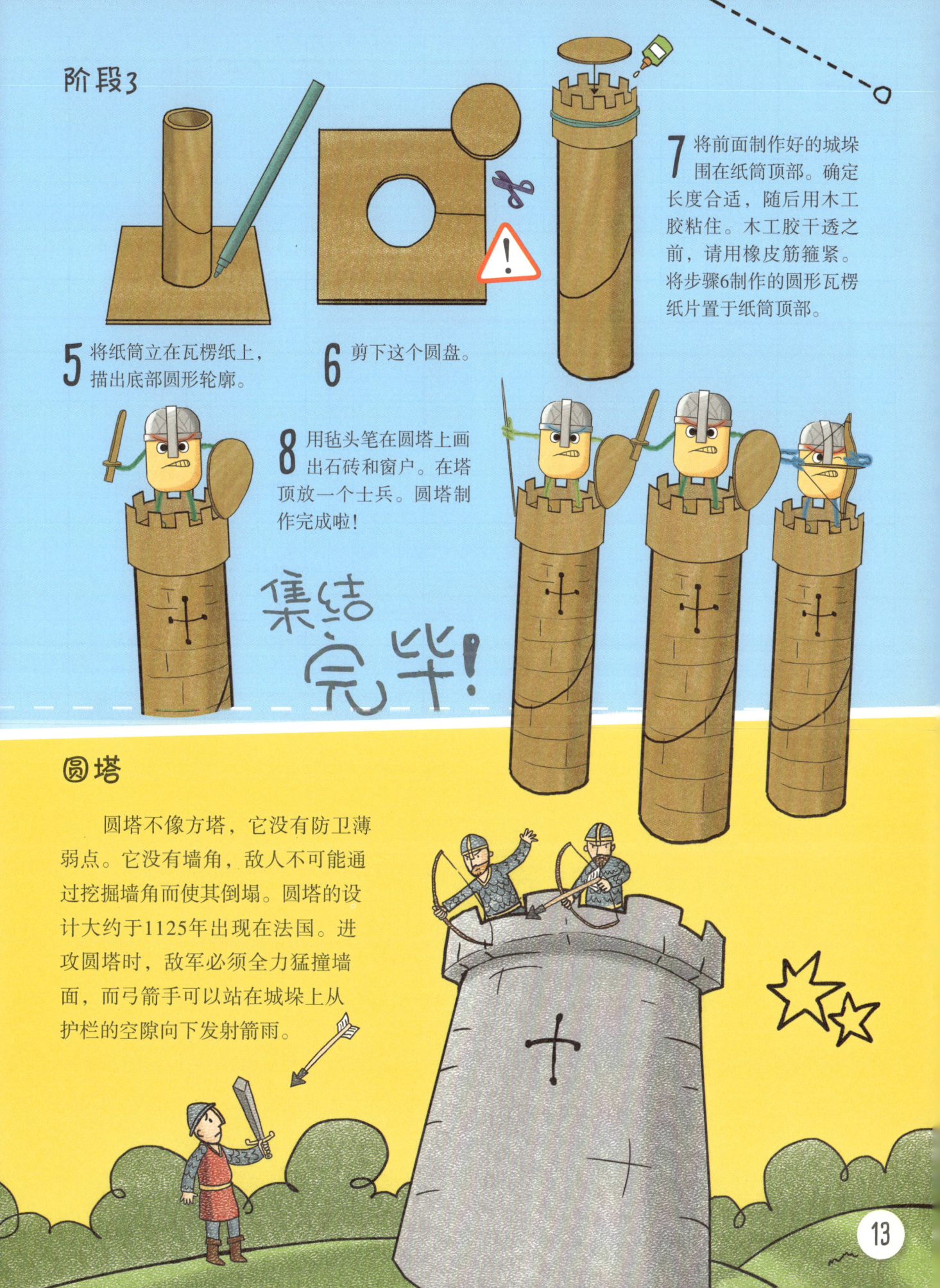

吊桥

想象一下，敌人已经趟过了臭烘烘的护城河（他们一点儿也不介意臭味，因为他们自己也好几周没洗澡了）。赶紧加速抬起吊桥，决不能让胜利果实落入敌人之手！

你需要：

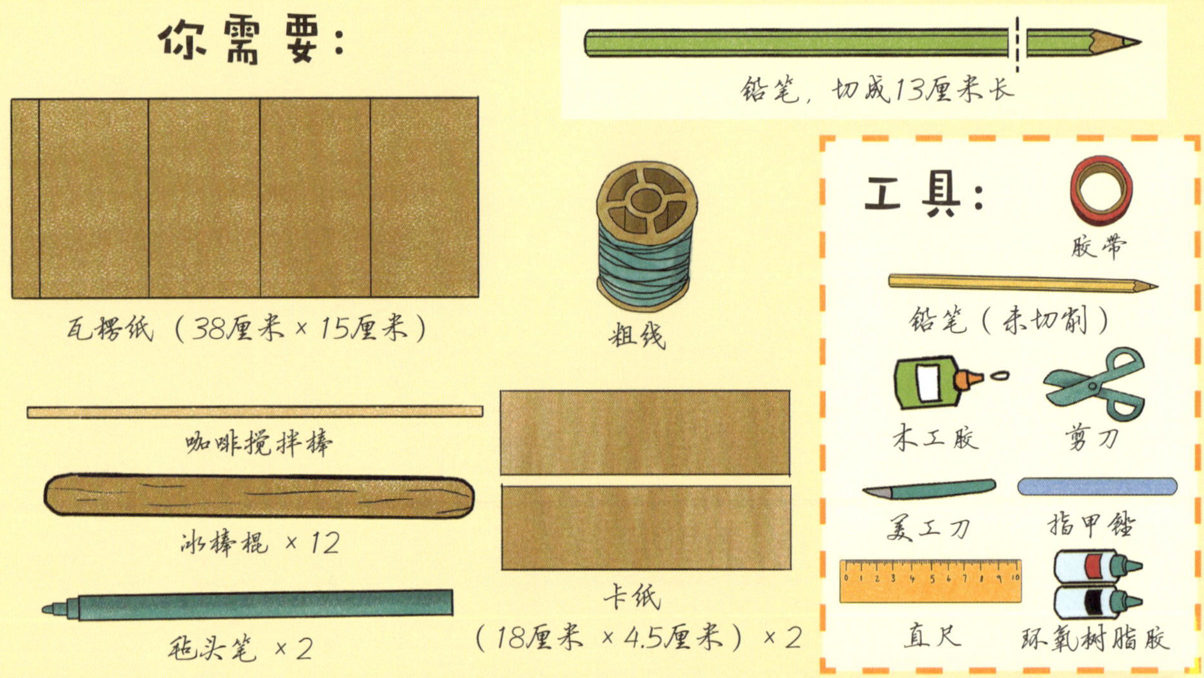

- 瓦楞纸（38厘米×15厘米）
- 粗线
- 咖啡搅拌棒
- 冰棒棍 ×12
- 卡纸（18厘米×4.5厘米）×2
- 毡头笔 ×2
- 铅笔，切成13厘米长

工具：

- 胶带
- 铅笔（未切割）
- 木工胶
- 剪刀
- 美工刀
- 指甲锉
- 直尺
- 环氧树脂胶

制作步骤

阶段1

1 把7根冰棒棍并排排列整齐，再取2根冰棒棍用厨房剪刀剪去两端，长度等于7根冰棒棍并排的宽度，用木工胶粘上。

2 取出毡头笔的笔芯，用美工刀割下笔杆中段，长度与冰棒棍的宽度一致。

3 用指甲锉将毡头笔笔杆的表面打磨粗糙，随后用环氧树脂胶将粗糙面和冰棒棍桥面粘在一起。

阶段2

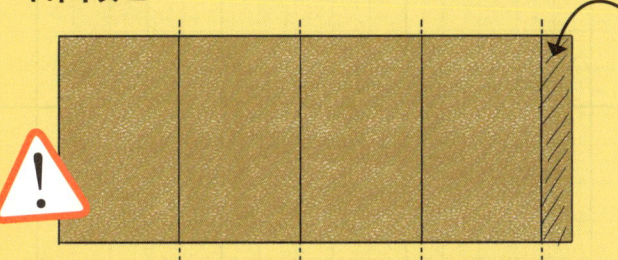

粘合边

4 剪下一块38厘米×15厘米大小的瓦楞纸，楞呈竖直方向。用直尺和美工刀每隔9厘米刻出一道竖直划痕（但注意不要把瓦楞纸割断）。

5 在瓦楞纸上画出并剪下门洞。门洞比桥面宽0.5厘米，但没有桥面高。

6 再取3根冰棒棍，切成合适长度，用木工胶粘在门框位置处。

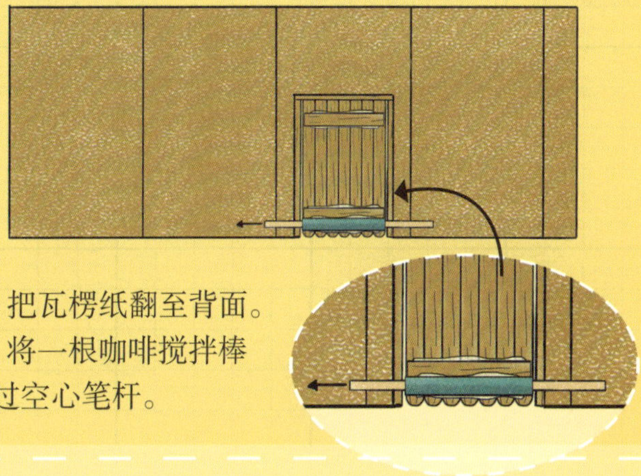

7 把瓦楞纸翻至背面。将一根咖啡搅拌棒穿过空心笔杆。

阶段3

8 将咖啡搅拌棒切成合适长度，两头粘在门框内侧。

9 沿着刻出的划痕（见第4步）将瓦楞纸折成筒状，粘合边用胶水粘住。

10 用铅笔尖在盒子的两侧各钻一个洞，位置正好在门框上方，并让未切过的铅笔恰好能穿过洞。

阶段4

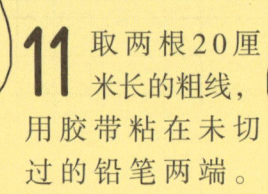

11 取两根20厘米长的粗线，用胶带粘在未切过的铅笔两端。

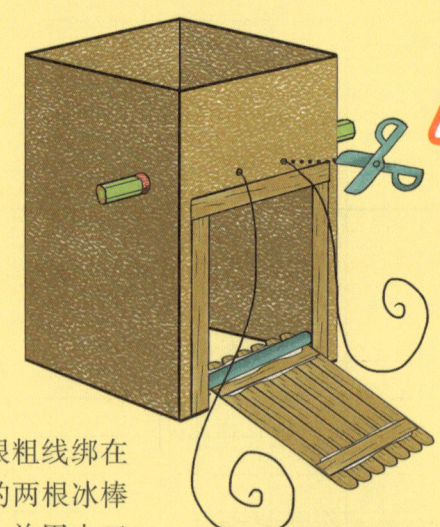

12 将这根铅笔穿进盒子，粗线留在盒子内。在城门上方距两侧边缘2厘米处扎两个小孔，让两根粗线刚好能穿出。

13 将两根粗线绑在桥面的两根冰棒棍的顶端，并用木工胶粘好，固定。

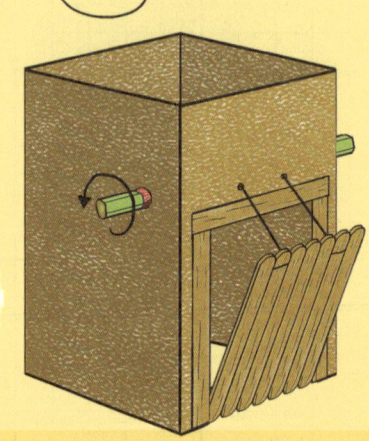

14 转动铅笔，升起吊桥。

阶段5

15 再取一块瓦楞纸覆盖在塔顶，用笔描出并剪下塔顶的形状，然后粘在顶部。

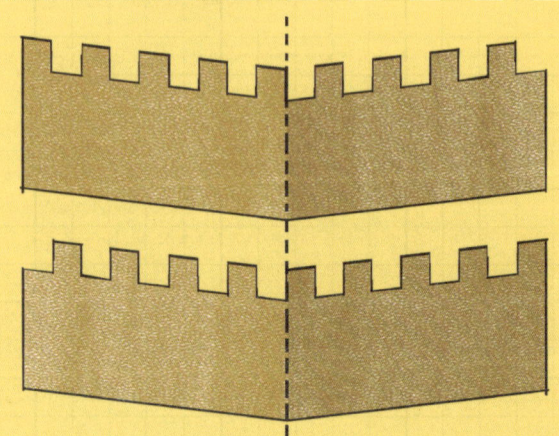

16 在两张条形卡纸上画出约1厘米宽、1厘米高的墙垛形状，将其剪下。

17 把墙垛粘在塔顶。在胶水干透前用橡皮筋固定。

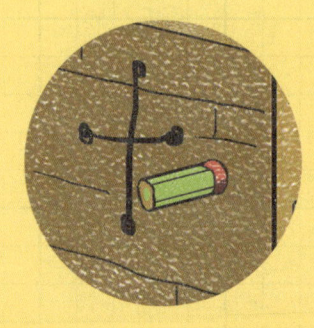

18 用毡头笔画出砖块和窗户的形状，装饰纸塔。

阶段6

19 在塔顶放一个士兵，然后……

放下吊桥

中世纪吊桥

在很多城堡中，吊桥仅仅是一块横跨护城河的木板。从门楼——防御工事正门——打开。当敌军进犯时，就会有投掷物向他们狂轰滥炸，阻止他们踏上吊桥。随后，吊桥就会经链条或重力系统缓缓拉起，形成一道额外的屏障，以期将敌人挡在城外。

吊闸

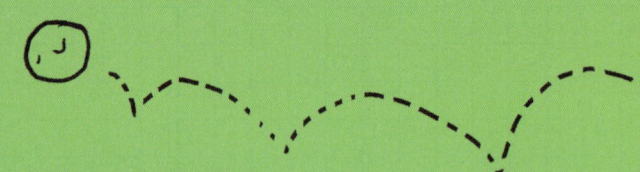

这个防御力值得信赖的门,是由古罗马人发明的,它经受住了时间的考验。现在,狡猾的敌人已经越过吊桥,来到城堡大门口。赶紧放下吊闸,挡住他们!

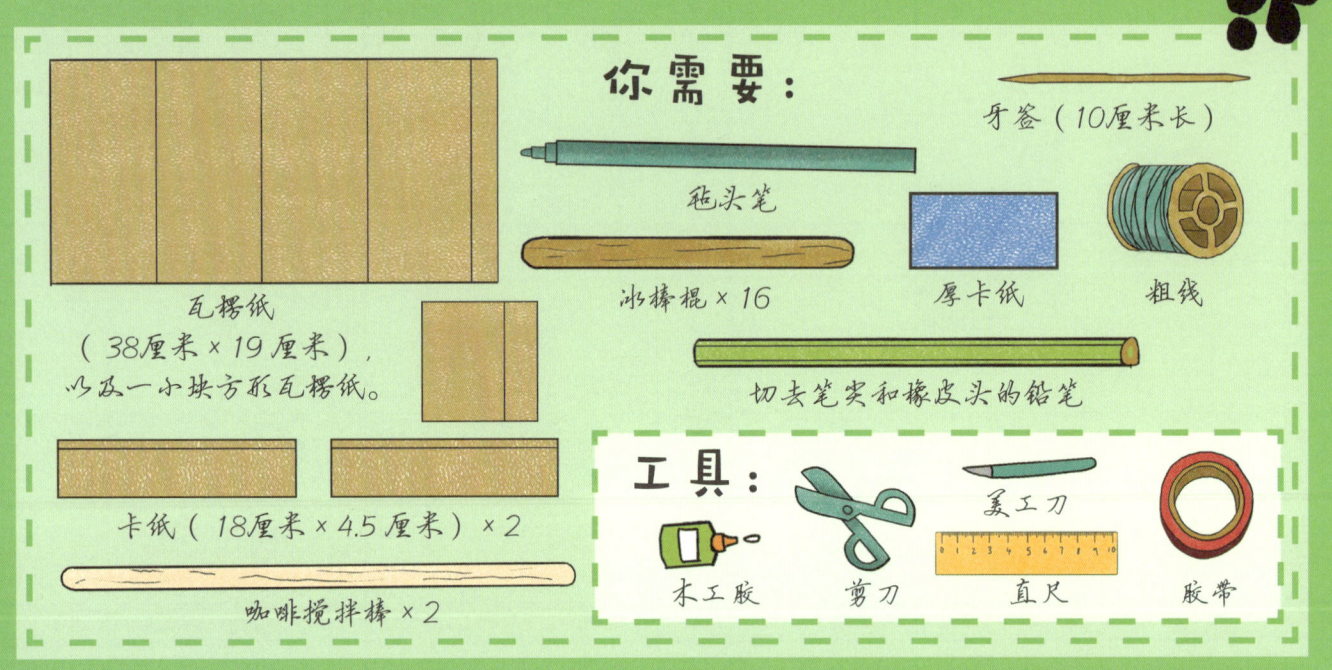

你需要:
- 瓦楞纸(38厘米×19厘米),以及一小块方形瓦楞纸。
- 卡纸(18厘米×4.5厘米)×2
- 咖啡搅拌棒×2
- 毡头笔
- 冰棒棍×16
- 厚卡纸
- 切去笔尖和橡皮头的铅笔
- 牙签(10厘米长)
- 粗线

工具: 木工胶、剪刀、美工刀、直尺、胶带

制作步骤

阶段1

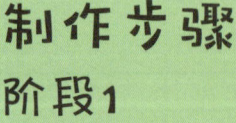

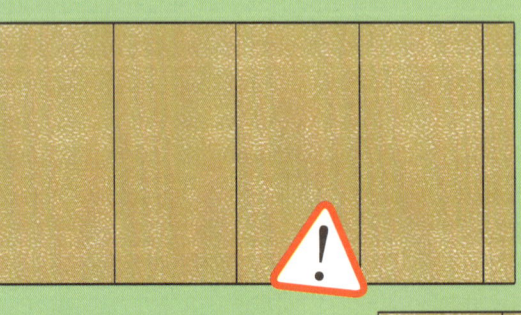

1 将5根冰棒棍用厨房剪刀剪成9厘米长。将它们横向摆在另4根竖向冰棒棍上,用木工胶粘成网格状。木工胶干透前,找一本厚书将其牢牢压紧。

2 将一块瓦楞纸裁成38厘米×19厘米,楞呈竖直方向。用直尺和美工刀每隔9厘米刻出一道划痕。

3 将制作好的闸门放在瓦楞纸背面一个划痕区间内,随后紧挨着闸门两边各放置一根冰棒棍,用木工胶粘在瓦楞纸上。注意不要粘住闸门!

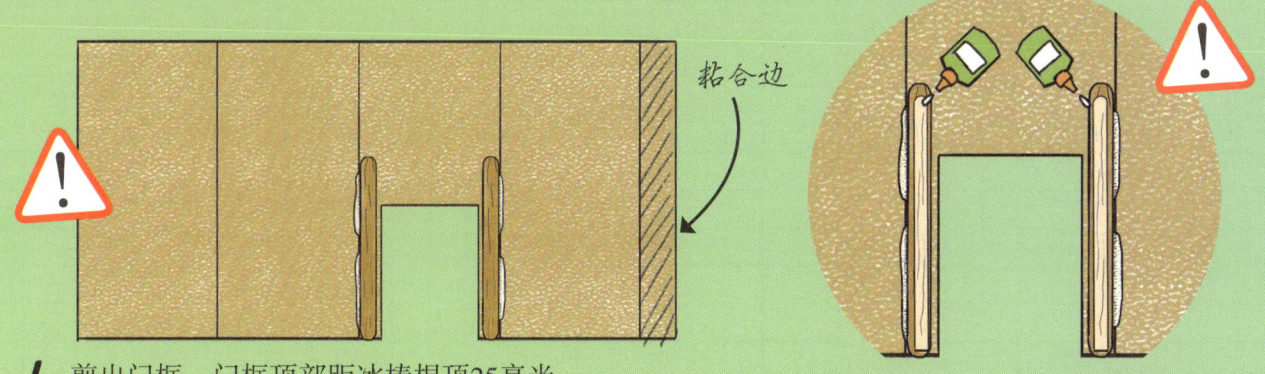

4 剪出门框，门框顶部距冰棒棍顶25毫米，左右距冰棒棍各3毫米。

5 将两根咖啡搅拌棒剪至与冰棒棍相同长度，用木工胶粘在两根冰棒棍靠内的一侧。

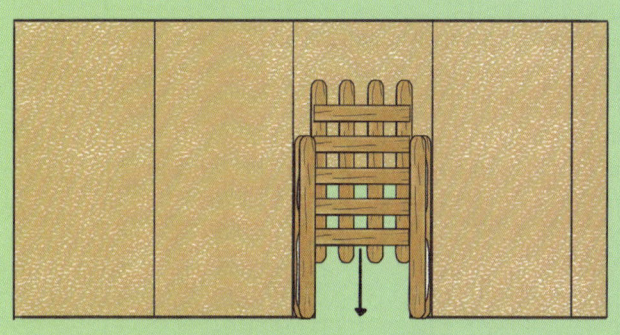

6 再粘两根冰棒棍到咖啡搅拌棒之上，不过这一次，冰棒棍的外沿与咖啡搅拌棒的边沿对齐。

7 胶水完全干透后，将闸门放到滑槽中。

8 在瓦楞纸的另一面，将3根冰棒棍裁到合适长度，粘在门的两边和顶端做成门框。

9 沿着刻痕将城堡折叠起来，沿着粘合边粘好（见步骤4）。

阶段2

10 取一段20厘米长的粗线,用胶带粘在事先切好的铅笔中间位置。

11 用铅笔或剪刀在纸筒两侧距离正面约15毫米、距离顶端约25毫米处钻两个孔。孔径不能太大,必须正好卡住铅笔。把铅笔穿入纸筒,旋转笔杆把线卷起。

12 铅笔插入纸筒后,将线的另一头系在闸门正中。(图示是为了清晰展示系绳位置。)

阶段3

13 取两张长条状卡纸,画下并剪出1厘米宽、1厘米高的墙垛形状。

14 裁剪一块正方形瓦楞纸,大小形状与塔顶一致。用木工胶将其粘在塔顶位置,然后粘好墙垛。

15 用牙签和彩色卡纸制作旗帜,立于塔顶。用毡头笔在塔上画出砖块和窗户。

阶段4

16 转动铅笔杆，升起闸门！

17 在塔顶放置一名守卫士兵……

守卫城堡！

古代吊闸

古罗马人发明了这种沉重铁栅栏来保卫他们的城市。当敌人进攻时，吊闸从上方垂直落下，阻挡住敌人。在拦住他们的同时还从上而下进行了轰击。

在中世纪城堡中，吊闸还可以将敌军困于城门附近，使他们完全暴露于守城士兵的箭镞和滚油之下。

攻城塔

现在该制作一个攻打城堡的强大攻城塔了。古希腊人传承了这项技术,并沿用了数千年。攻城塔是一种了不起的武器,能够在进攻时保护自己军队。

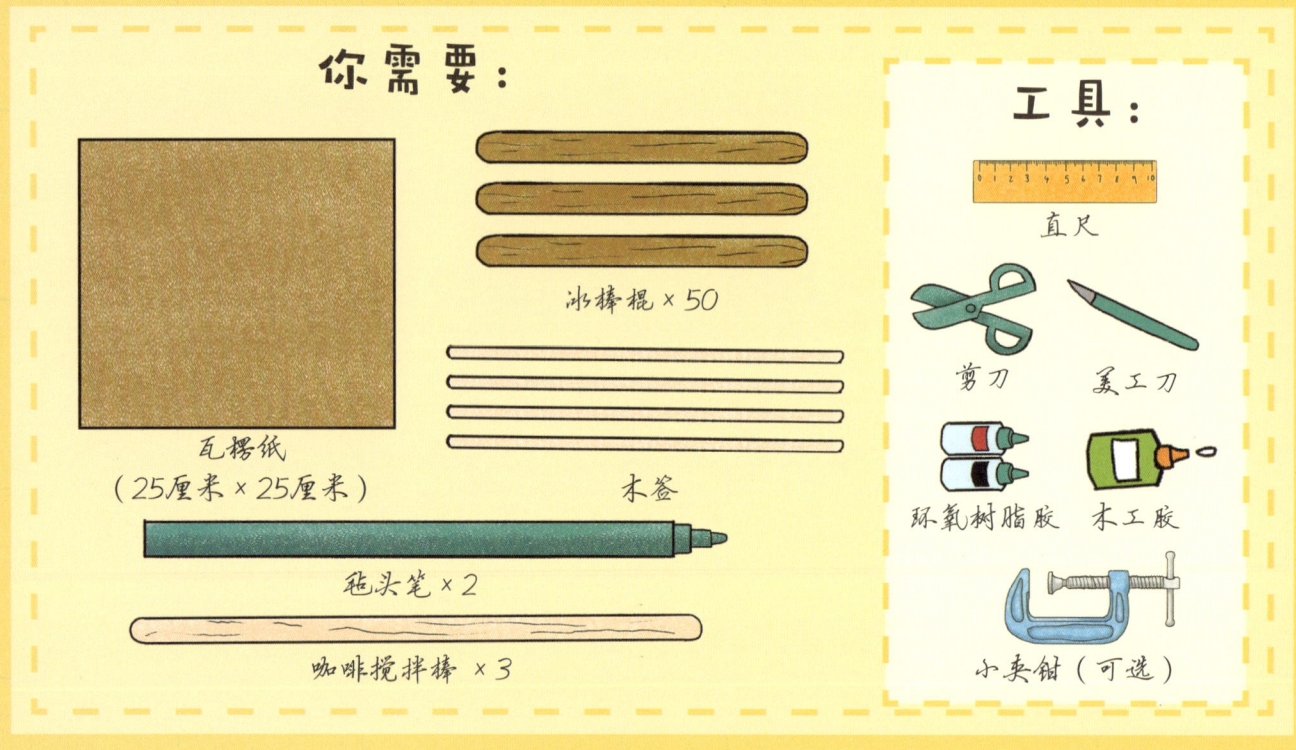

你需要:
- 瓦楞纸(25厘米×25厘米)
- 冰棒棍×50
- 木签
- 毡头笔×2
- 咖啡搅拌棒×3

工具:
- 直尺
- 剪刀
- 美工刀
- 环氧树脂胶
- 木工胶
- 小夹钳(可选)

制作步骤

阶段1

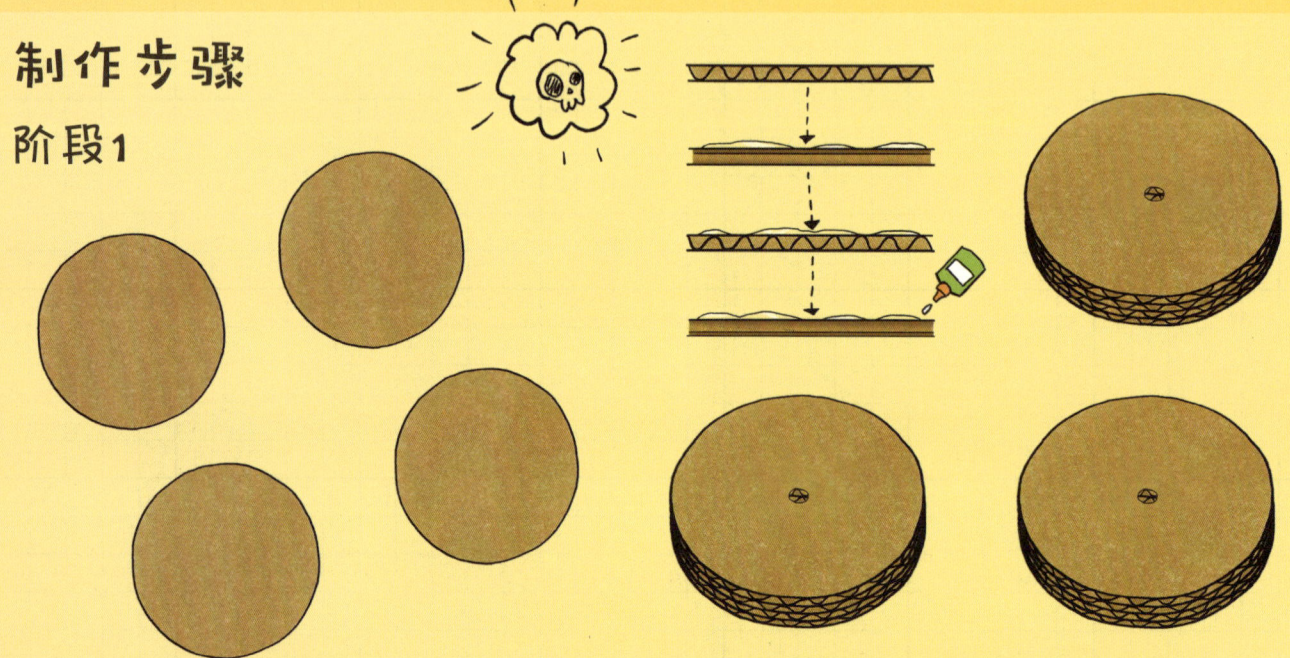

1 使用瓦楞纸制作攻城塔的轮子。在纸上剪下4个一模一样的直径30毫米的圆盘。

2 把4片圆形瓦楞纸一层层粘在一起,楞朝不同方向最大角度错开,使得轮子能足够结实。用同样的方法再制作3个轮子。然后用木签在每个轮子的圆心扎一个洞。

阶段 2

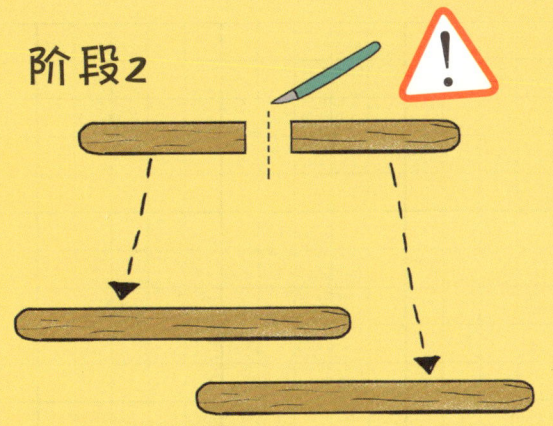

3 将一根冰棒棍一切为二,然后分别与另两根冰棒棍配对。

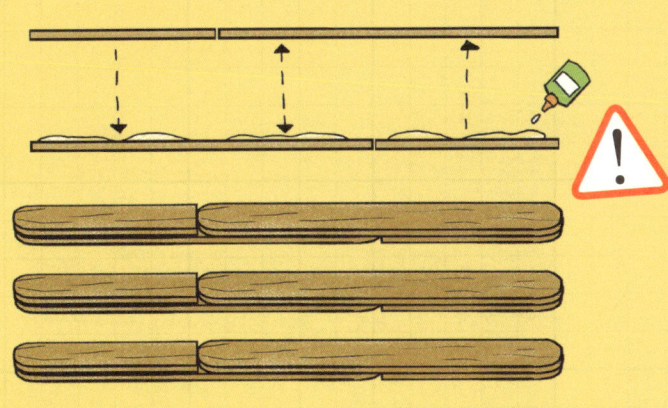

4 如上图所示将它们粘在一起。再重复以上步骤做同样的3根,这些部件将成为整个模型的支柱。

5 将两根冰棒棍裁剪至图示长度后,粘在支架距离上下端各1.5厘米处,作为横梁。注意处理掉边缘毛刺。

6 将5根冰棒棍切至70毫米长,作为横梁。

7 在步骤5的支架中间各再粘上一根横梁,然后将支架立起来。正面用一根横档连接底部,背面上下各用一根横档连接。木工胶干透前,用小夹钳帮助固定。

阶段3

8 由下往上依次将冰棒棍整齐地粘在正面。

9 将冰棒棍剪至合适尺寸,粘在支架两侧呈对角线排列。

10 将瓦楞纸裁剪至合适尺寸,粘在顶部当作平台。

阶段4

11 从毡头笔的笔杆上切下两段作套管。套管长度要比塔的宽度略长一点。

12 用环氧树脂胶将套管粘在塔底。

13 将木签剪到合适长度制作轮轴(长度为套管长度加两个轮子的厚度再加3毫米)。在一根套管中穿过一根木签,两端用木工胶将轮子粘好。

14 另一组轮子也以相同方式粘好。

阶段5

15 用两根咖啡搅拌棒制作楼梯。将第三根搅拌棒切成30毫米的小段，作为楼梯横档，粘好。

16 把楼梯粘在攻城塔背面。

进攻！

中世纪攻城塔

攻城塔有时会造得和被攻打的城堡一样高。在发起猛攻时，攻城塔可以一直推到城堡墙边。攻城塔内部也有多个平台，可承载重型攻城武器，例如石弩。士兵们沿梯子爬上高处，涌入在石弩攻击下岌岌可危的城垛。

城堡坍塌

当你站在方塔顶观察敌军的时候,不要害怕——你知道他们就在外面。虽然你的城堡在攻势下会倒塌,但不同于真实城堡,它还能再装配起来!

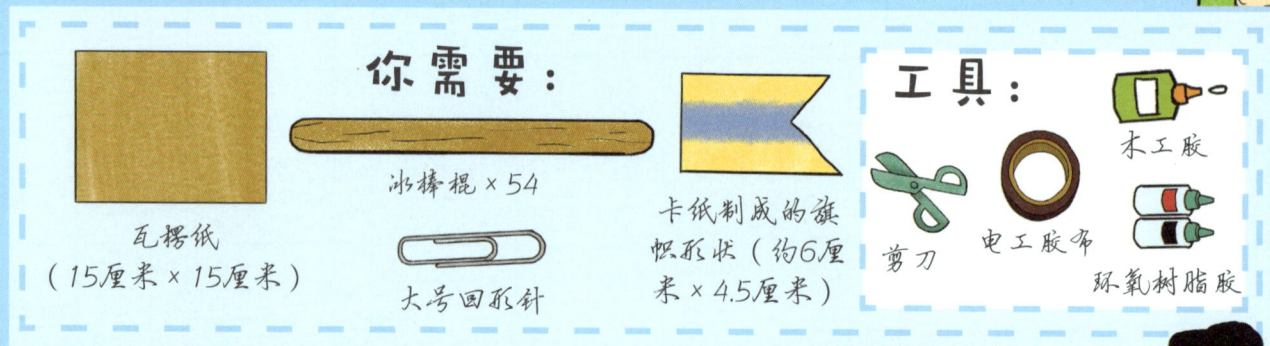

你需要:
- 瓦楞纸(15厘米×15厘米)
- 冰棒棍×54
- 大号回形针
- 卡纸制成的旗帜形状(约6厘米×4.5厘米)

工具:
- 剪刀
- 电工胶布
- 木工胶
- 环氧树脂胶

制作步骤

阶段1

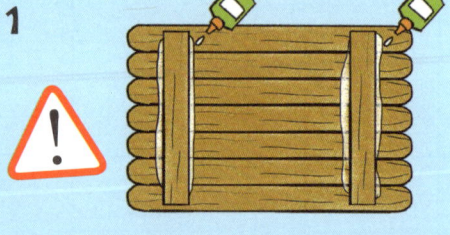

1. 城堡的4个面都由7根冰棒棍和2根切成合适长度的横档组成。将7根冰棒棍并列放好,两根横档放在对称位置,粘合。

2. 塔顶由6根切去两端的冰棒棍组成。6根并排放,再取2根冰棒棍切至合适长度,作为横档,粘于其上。盖子也是同样宽度,高约30毫米。

阶段2

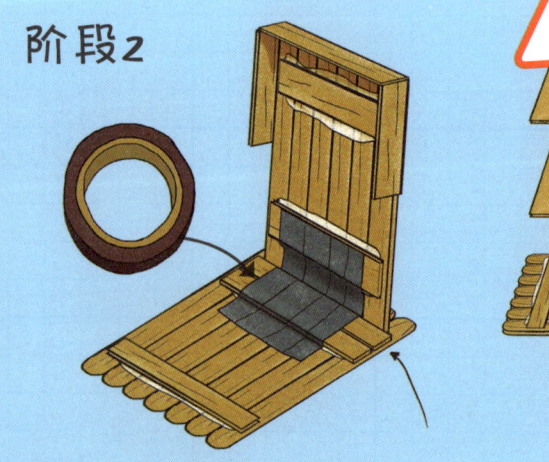
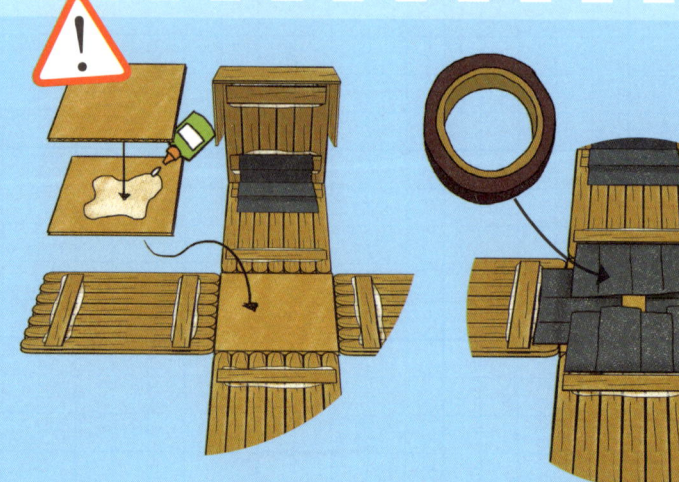

3. 取步骤1中制作的4个面中的一个,在一根横档上方箭头指向处再放一根横档。用电工胶布把这个面和塔顶粘在一起,使之可以自由开合。

4. 用双层瓦楞纸制作一个正方形底座。将瓦楞纸裁剪至宽度与墙面一致。如图所示将四面城墙围着底座的四条边摆好。

5. 把底座和城墙用电工胶布粘在一起,连接处可活动。

阶段3

6 将冰棒棍切去两端作为横档，粘在盖子反面原来的横档上，使其厚度加倍。

7 将两个15毫米的吊耳（冰棒棍切下部分）粘在横档上。

8 在另两个侧面上各粘上半根横档，随后在两层厚处再粘上一个吊耳。

阶段4

9 用一枚大号回形针制作旗杆。用环氧树脂胶将旗杆粘在盖子电工胶布端。用厚卡纸制作一面6厘米×4.5厘米的旗帜，粘在旗杆上。旗帜必须很硬，这样它被打中时才能抬起盖子。

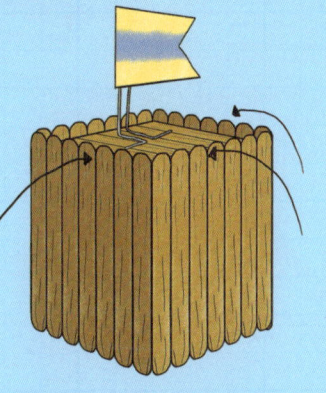

10 把四面城墙折起，在吊耳处搭上。

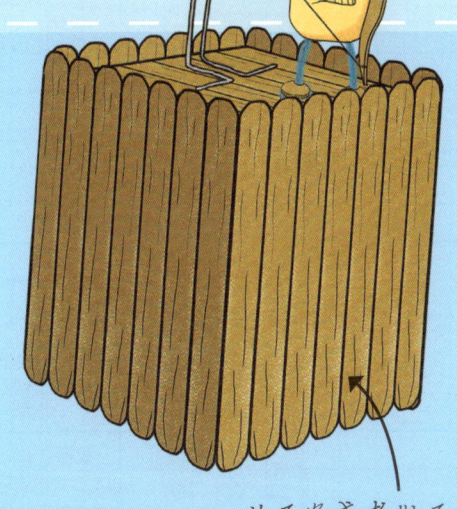

从石弩或者抛石机射出的炮弹直接击中这个城堡，城堡立刻就会坍塌啦！

防御！

中世纪塔楼

城堡结构里最高的部分就是塔楼了。一座城堡一般会有好几个塔楼，分布在各个方位，保证视野开阔无死角，预防敌人进攻。塔楼城墙厚实，中间留有细缝可供射箭。同样，足够高的塔楼也使得防御方可以向敌军投掷武器。

成品展示

这些超酷的模型展示了古时候和中世纪时期的军事设施和建筑。攻城塔用于摧毁城墙,而坚固的塔楼则提供防御。

骑士

活跃于:大约公元8—15世纪

著名案例:12世纪的医院骑士和圣殿骑士

城堡坍塌

方塔建造者:公元11世纪起的欧洲国王和军事领主

著名案例:英国的罗切斯特城堡

吊桥

建造者:中世纪国王和军事领主

著名案例:荷兰的穆登城堡

吊闸

建造者：古罗马时期和中世纪国王、军事领主

著名案例：公元3世纪，法国的卡尔卡松城堡

圆塔

建造者：中世纪国王和骑士

著名案例：11—13世纪，叙利亚的谢夫叶拉骑士城堡

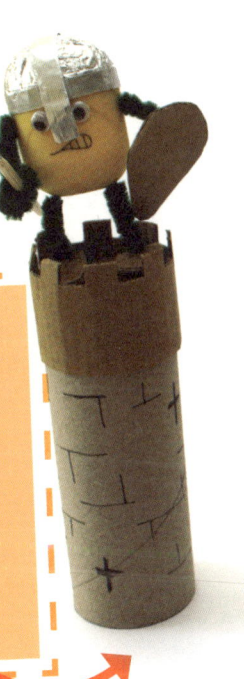

攻城塔

建造者：古罗马、中东和欧洲的军事领主

著名案例：公元305年，马其顿德米特里乌斯一世建造的9层高的巨无霸攻城塔，被称为"破城者"

城堡的攻与防

城墙、吊闸和训练有素的士兵使得城堡越来越难攻克。相应地,进攻武器也变得越来越可怕。

攻城塔

这个强大的攻城武器最早可能是由古代中国人发明的,随后由古希腊人和古罗马人发扬光大。由于攻城塔必须与城墙平接才能发挥作用,因此要先用碎石、泥土将城堡周围的护城河或壕沟填平后方能将攻城塔推到对应的位置。为了保证高度与所要攻打的塔楼一致,攻城塔往往是在战场上搭建的。城堡内的士兵也可能同样建造一个攻城塔来抵抗攻方的攻城塔。

外堡

当攻城的士兵们越过护城河或壕沟,他们就来到了牢牢加固的城堡入口,汇集后再穿过一条充满危险的狭窄通道,也就是外堡。当他们涌入通道并通过时,很可能会落入陷阱,比如被关在两头的两扇吊闸之间。他们还可能被墙上小缝隙间射出的箭矢射中,或者被从头顶"屠坑"中浇落的滚油烫到。

骑士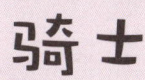

骑士们通常从小接受训练，在16—20岁成为训练有素的战士。他们为各自的领主服务，担任保镖、卫兵的角色。当战争爆发时（这在中世纪时并不罕见），骑士们还是主要的作战力量。

骑士们还参与各种比赛，以锻炼剑术与马上作战能力。即使在这些项目中，也不时发生骑士被俘、马匹武器被没收的情况。这些项目都是真刀真枪的比赛，以至于骑士很可能受伤甚至死亡。自公元1200年起，对骑士的保护措施在增强，盔甲也更坚固了。

城墙

围在城堡外面的墙壁被称为幕墙。幕墙内部为碎石，外砌巨石建造而成。这使得墙非常坚固，可以抵挡破城锤这样的重型武器的攻击。

大约12世纪中叶，出现了在外幕墙里至少有一层内幕墙的同心城堡。这使得城堡几乎坚不可摧——无法突破、无法攻陷。两层幕墙之间的区域被称为"死亡区域"，攻方的士兵在此会遭遇守城方的箭雨。不过，攻城的一方也有应对方法：围城，令守方忍饥挨饿，或者投掷重物攻打城堡。

Make Your Own Medieval Castle
By
Rob Ives
copyright © 2016 Hungry Tomato Ltd
Illustration copyright © 2016 by John Paul de Quay
First Published 2016 by Hungry Tomato Ltd
Simplified Character Chinese edition copyright © 2019 by
Shanghai Scientific & Technological Education Publishing House
Simplified Character Chinese edition arranged with
Hungry Tomato Ltd
ALL RIGHTS RESERVED
上海科技教育出版社业经Hungry Tomato Ltd 授权
取得本书中文简体字版版权

责任编辑　李　凌
装帧设计　杨　静

桌上战斗

中世纪城堡 D.I.Y.

［英］罗布·艾夫斯　文
［英］约翰·保罗·德夸伊　图
张珍真　译

出版发行	上海科技教育出版社有限公司	
	（上海市柳州路218号　邮政编码200235）	
网　　址	www.sste.com　www.ewen.co	
经　　销	各地新华书店	
印　　刷	上海普顺印刷包装有限公司	
开　　本	889×1194　1/16	
印　　张	2	
版　　次	2019年3月第1版	
印　　次	2019年3月第1次印刷	
书　　号	ISBN 978-7-5428-6885-5/G·3972	
图　　字	09-2017-701	
定　　价	19.80元